Aimer
c'est prendre
le risque
d'être heureux

KARINE SUTTER
ISBN : 9798399826172
Dépôt légal : Juillet 2023
Copyright©2023 par KARINE SUTTER.
Tous droits réservés.
Aucune partie de cette œuvre ne peut être reproduite, distribuée, ou transmise sous quelque forme ou moyen que ce soit, sans l'autorisation préalable de l'éditeur.

Aimer
c'est prendre le risque d'être heureux

Recueil de poèmes

KARINE SUTTER

à mes filles Lisa et Myriam,

TABLE DES MATIÈRES

Introduction 09

Chapitre I ....Quand l'amour s'invite 11

Chapitre II ....Quand l'amour s'en va 45

Chapitre III ....Poèmes divers 79

Conclusion 101

INTRODUCTION

En tant que femme j'ai ressenti le besoin de donner une voix à nos expériences sentimentales, nos espoirs, nos douleurs et nos résiliences. À travers ces vers, je vous invite à plonger au cœur de la rencontre et de la rupture amoureuse, ainsi que de nos doutes et angoisses intérieurs.

Ce livre se veut un écho à nos vécus, une exploration de nos doutes, de nos joies et de nos peines profondes. Vous y trouverez les mots qui touchent, qui consolent et qui accompagnent. Il est le reflet de notre force, de notre sensibilité et de notre capacité à nous relever après chaque épreuve.

À travers ces pages, je souhaite que vous trouviez un havre d'écoute et de compréhension, un espace où vous pourrez vous reconnaitre et trouver du réconfort.
Que chaque poème résonne en vous, qu'il suscite en vous des émotions aussi riches que variées, et qu'il vous rappelle que vous n'êtes jamais seul(e) face à vos tourments.

Avec toute mon amitié,

Karine SUTTER

Chapitre I

Quand l'amour s'invite

Je suis une femme,
En quête d'évasion,
Mon cœur entre en fusion,
Je danse avec les mots,
Dans l'espoir d'une passion...

On dit souvent que l'amour est inattendu,
Qu'il nous tombe dessus comme l'éclair.
J'aimerais tant être foudroyée par Éros
Pour goûter au fruit défendu.

Une rencontre c'est un pont vers l'inconnu.
Une route dont on ne sait rien,
Mais on la prend car on est amoureux.
C'est la monture qui nous dira
Si on a eu raison de prendre ce chemin.

Trouver l'amour est si rare.
S'il se présente à toi,
Ose prendre ta part.
Donne-lui une chance
De te montrer son art.

Au détour d'une rue,
Nos regards se sont croisés,
Une connexion soudaine,
Un échange imprévu.
Dans cet instant fugace,
Nos vies se sont embrassées,
Et mon cœur s'est laissé
Dérober sans retenue.

Depuis notre rencontre,
Une évidence se dessine,
Tu es devenu l'écho de mes pensées.
Tu es l'étoile qui guide mes pas,
Celle qui m'évite les passions tristes.

Tes mots sont mon refuge,
Tu conjugues à merveille le verbe aimer.
Écris-moi une histoire d'amour.
La nôtre.

Notre amour est au beau fixe.
Il n'est prévu aucun orage,
Aucune pluie, ni tempête.
Profitons de ce ciel dégagé,
Pour s'enivrer et s'aimer.

Notre amour est une
Fusion de deux solitudes,
Je suis fière d'être
Celle que tu choisis,
Dans tes bras, je découvre
Ma plus belle poésie.

Aimer c'est prendre
Le risque d'être heureux.
Aimer c'est vivre en apesanteur.
Aimer c'est s'absenter de soi
Et avoir le cœur en émoi.

Je suis devenue esclave
De ta voix suave.
Dis-moi, est-ce que c'est grave ?

J'ai attrapé des sentiments,
J'ai besoin d'un médicament,
Mon cœur s'est emballé,
J'ai peur d'aimer.

Dans la vaste
Constellation
De mes émotions,
L'amour éclot tel un
Fragile et subtile nectar.
Mon cœur s'emballe,
Vibrant de passion,
Pour cet homme qui
N'est pas là par hasard.

Tu m'attires comme un aimant.
Je craque complétement.
Toi, tu cherches un moment,
Et moi, le prince charmant.
Se brûler les ailes en aimant...

Main dans la main, nous avançons,
Tous les deux, à travers les saisons.
L'amour, ce sentiment si précieux,
Est notre passerelle vers un avenir radieux.

Dans chaque battement
De mon cœur, tu es là,
Je sens que ton amour
Déteint sur moi.
Je suis cette femme,
Éprise et envoutée,
Dans tes yeux amoureux,
Je retrouve ma féminité.

L'amour est une ode
Que l'on compose à deux.
Il est un lien qui nous
Transfigure et nous unis.
Un miracle que l'on
Redécouvre en amoureux.

L'amour, ce sentiment étrange
Qui vous fait vaciller et tourbillonner.
Si tu le rencontres, prends garde
À ne pas tout lui céder.

Un rendez-vous avec toi
Provoque toujours
En moi un émoi.
Et toi ?

Rencontre digitale,
Connexion instantanée.
Les messages s'animent,
Les pixels se poétisent.
Une histoire s'écrit.

Manque de toi
Overdose d'émoi
Je craque sur toi
Héroïne d'un jour
Extase d'amour
Stupéfiant retour

Ton sourire me charme,
Je sonne l'alarme.
Ton regard me désarme,
je dépose les armes.

Goûter à l'amour
Pour voir si c'est mortel.
Se faire piquer.
En redemander encore.

J'ai envie de mettre
Le feu dans ton cœur.
Une seule étincelle suffirait
Pour l'embraser de bonheur.

Je rêve de traverser ton cœur,
Prendre quelques grammes
De passion et de douceur,
Pour esquisser la
Recette du bonheur.

Amoureuse de toi, je suis.
Mais, hélas, tu me fuis.
Tu as peur que je
Pénètre ton périmètre.
Ouvre-moi ta fenêtre.

Soleil mordoré,
Chaleur immodérée,
Désir incandescent,
Danser sur un volcan
Et plonger dedans.

Dis-moi qui tu hais,
Je te dirai qui tu es.
Dis-moi qui tu aimes,
Je te dirai si je t'aime.

Récolte ton bonheur !
Si tu le laisses flétrir,
Il peut te briser le cœur.
Hâte-toi de le cueillir !

Ferme les yeux,
Pour que je vois ton âme.
Ouvre-moi ton cœur,
Pour que je t'offre le mien.
Donne-moi ta main,
Pour unir nos destins.

Être amoureuse de toi,
C'est espérer que tu sois
L'architecte de notre bonheur,
Et non celui de notre malheur.

Notre histoire est-elle sincère ?
Ou bien est-ce une chimère ?
Donne-moi une raison d'y croire
Car je perds espoir.

Chapitre II

Quand l'amour s'en va

J'ai rompu avec toi.
J'ai reprisé mon cœur.
J'ai rangé le grimoire
De l'amour dans un tiroir.
Pour toujours ?

Tu as saccagé mon cœur.
J'ai un travail de deuil à
Faire pour tourner la page,
Et une rupture à accepter,
Pour me libérer de ta cage.

Oublie-moi car je t'ai déjà
Rayé depuis longtemps
De mon disque sentimental.

Hâte-toi d'être en retard
Si tu viens me voir.
Je ne suis pas
pressée de te revoir.

J'ai longtemps cherché à essayer
De t'oublier mais j'ai échoué.
Mon cœur est hanté, hypnotisé,
Brisé par cet amour avorté.

J'ai rendez-vous avec toi,
Mais tu ne viendras pas.
Je le sais déjà.
Je m'en fiche,
Je t'ai déjà remplacé.

Je voudrais avoir
Un vague souvenir de toi,
T'extirper de ma mémoire,
Et ne plus jamais te revoir.

Je te dévisage pour voir
Comment tu m'envisages.
Mais je me perds dans tes yeux,
Il pleut dans ce brouillard.
Tes larmes sonnent comme un adieu.

Adieu mon amour,
Adieu pour toujours,
Adieu au bonheur,
Mon cœur se meurt.

Mon cœur est en déliquescence,
Avec une lourde conséquence,
Pendant que toi, tu danses,
Moi, je souffre en silence.

Je vais refermer ce chapitre,
Et écrire une nouvelle page.
Avec ce nouveau titre :
"Être beaucoup plus exigeante"

Cette rencontre était la promesse
D'un voyage plein d'ivresse,
Mais ton manque de délicatesse
Nous a plongés dans cette détresse.

L'envie de vivre éperdument,
Ardemment, intensément,
Fougueusement, passionnément
Et follement malgré ton absence.

Reviens m'écrire quelques mots,
Pour apaiser mes sanglots.
Juste quelques lettres
Que tu pourrais émettre,
Pour enfin admettre
Que tu n'étais pas un cadeau.

Cette sensation étrange
De manquer d'air se manifeste
Seulement quand tu es là.
Tu es devenu toxique, n'est-ce pas ?

Prendre le large pour oublier
La rage qui me ronge depuis
La fin de notre histoire.
Je veux qu'il refasse beau
À l'intérieur de moi.

Prendre mes distances avec toi
C'est entrer en résistance avec moi.
T'oublier sera mon chemin de croix.

Pourquoi te ferais-je encore confiance ?
Tu n'inspires que méfiance et défiance.
Il n'y aura aucune clémence,
Mon silence sera ma sentence.

La rupture est douloureuse,
Je ne suis plus amoureuse.
Les blessures guérissent lentement.
Pas à pas, ma vie se réinvente,
D'autres horizons se dessinent.

Aujourd'hui, nos chemins se séparent,
L'amour s'est effrité lentement,
Puis, s'est évanoui.
Les promesses d'antan,
Sont tombées dans l'oubli,
C'est malheureusement
Le tourbillon de la vie.

Les promesses se sont envolées,
La tristesse s'est installée,
Les rêves se sont brisés,
Et l'amour s'est étiolé.

L'amour s'est déhanché,
Un tango éphémère,
Une salsa passionnée.
Mais, la tempête est venue,
Sombre et déchirante,
Et l'amour s'est envolé,
En un souffle, balayé.

Un jour, tu retrouveras
L'espoir après la pluie,
Les étoiles te guideront
Vers un nouveau chemin.
Cette rupture n'était
Qu'une étape de ta vie,
Bientôt, ton cœur
Battra pour un autre.

Porter en soi les
Cicatrices de l'amour,
Les épreuves traversées,
Les douleurs persistantes.
Être guerrière, prête à
Se relever chaque jour,
Et dans chaque bataille,
Se découvrir résistante.

Mon cœur est en miettes,
Brisé en mille morceaux,
Qui va le recoller ?
Moi !

J'ai égaré mon amour pour toi.
J'ai beau le chercher,
Je ne le trouve pas.
Et si c'était un acte manqué ?

Ton regard était le miroir
De notre amour.
Son reflet était illusoire,
Un mirage sans espoir.

Cette rupture est une blessure
Qui se cicatrisera avec le temps.
Mais, en attendant,
La douleur m'accompagne.
Elle squatte mon cœur...

Tu me manques.
Ton absence est si présente
Que je rêve de croiser
Ton regard dans l'océan
De mes pensées.

La rupture n'est qu'un chapitre,
Une page qui se tourne.
Dans mon cœur,
L'espoir d'une nouvelle
Histoire se dessine.

Je m'étouffe de voir
Que tu ne souffres
Pas de notre rupture.
Je compte sur ta
Prochaine conquête
Pour te pétrifier
Le cœur à petit feu.

La rupture me déchire
Mais je refuse de fléchir.
En quête de guérison,
Je me relève pour me reconstruire.
Dans ce désert d'émotions,
Je reprends goût à la vie.

Chapitre III

Poèmes divers

La solitude est le prélude
À une rencontre magique
Avec notre moi authentique.
Celui qui nous fait explorer
Nos secrets les plus profonds.
Notre témoin invisible.

Mon amie la solitude
Est venue me voir hier soir.
J'ai l'habitude qu'elle
Me tienne compagnie
Les soirs de tristesse.

Apprivoiser l'angoisse du soir
Est une quête quotidienne,
Une corvée sans espoir,
Mais qui est mienne.

La solitude m'enveloppe de son halo.
Encore une soirée en solo...
Mais, j'ai une idée de scénario
Que je vais jouer en duo.

Mon souffle se fait court,
Mon cœur s'emballe,
L'angoisse me serre
La gorge et m'étouffe.
Je lutte vainement,
Cherchant l'issue
Tant espérée,
Mais elle s'installe,
Indomptable et sournoise.

L'anxiété m'étreint de toutes parts,
Mais je ne la laisserai pas m'abattre,
Je lutterai avec force et courage,
Jusqu'à tourner la page.

L'angoisse, c'est cette mer agitée,
Cette tempête qui souffle dans mon corps.
Je suis perdue, fatiguée, impuissante,
Confrontée à mes propres peurs,
Doutes et inquiétudes.

Voyager dans sa tête vers l'infini.
Dans ce voyage intérieur, tout est possible.
L'imagination devient un vaisseau.
Voguer vers un monde inconnu,
Pour trouver des horizons sans limites.

Le foulard de ma mère
A un parfum immortel.
Le porter me rapproche
De son âme intemporelle.

Je me sens comme
Une feuille qui s'envole
Loin de ce chêne
Qui l'a vue naître.
Il n' y a pas de doutes,
Je deviens maître
De mon destin,
De mon plan de vol.

Dans l'obscure clarté de la nuit,
Je le vois qui s'avance,
Avec sa grâce féline,
Son regard pénétrant.
Le chat, cet animal si fascinant.

Le vent ne souffle pas aujourd'hui.
Il est essoufflé. Aucun bruit
Ne vient déchirer la quiétude
De notre si belle solitude.

Un matin c'est la promesse
D'une nouvelle journée,
D'une nouvelle chance,
D'une opportunité,
Saisis-la !

Je ne cède pas à l'angoisse ce soir,
Je vais lui faire faux bond.
Je prends le large, sur le bateau de l'espoir,
Grâce à mon imagination vagabonde.

Je suis l'écrivain de mes
Propres pensées,
Je rédige mon propre livre,
Pour l'éternité.

Tu n'es pas mort, ton étoile brille
Dans le ciel de mes pensées.
Il y a toujours cette flamme,
Qui fait vivre ton âme.

La promesse d'une vie meilleure,
Au-delà des frontières, n'était qu'un leurre.
Mais je suis fière de mener cette guerre,
Qui me mènera à la lumière.

Rares sont les moments de sérénité
Depuis que tu as rejoint l'éternité.
J'aimerais tant connaitre la vérité
Sur ce qui t'es arrivé.

Je suis partie à ma recherche
Mais c'est toi que j'ai trouvé.
Puis, j'ai découvert en toi
Une part de moi.

L'angoisse s'évapore comme
Une brume dissipée.
Je m'éveille à la vie,
Résolue et apaisée,
Car l'angoisse, aussi sombre
Soit-elle, peut être surmontée,
Si l'amour se révèle.

CONCLUSION

En tournant la dernière page, j'espère que vous aurez trouvé un écho à vos propres expériences, que mes mots auront résonné en vous, réveillant des souvenirs et des sentiments enfouis. Car, au-delà des mots, ce recueil est un témoignage d'amour, de souffrance et de résilience. En somme, un reflet de ces instants où le cœur se brise et se reconstruit.

Que ces poèmes vous accompagnent dans vos propres voyages intérieurs, qu'ils vous inspirent à trouver la force de vous relever après chaque tempête.
Rappelez-vous qu'une rupture est une invitation à la découverte de soi, à la renaissance et à la libération.

Que ces vers vous guident sur le chemin de votre propre réconciliation, vers la paix intérieure et la plénitude.
Car, au-delà des larmes versées, il y a toujours une lumière qui brille, prête à vous envelopper de sa douce chaleur.

Avec toute mon amitié,

Karine SUTTER

Merci

Merci beaucoup pour votre achat !

Si vous avez tiré une expérience positive avec mon livre, n'hésitez pas à le conseiller à vos amis, qui peut-être l'apprécieront à leur tour.

N'hésitez pas non plus à déposer un commentaire, même succinct sur Amazon.

Cela m'aidera énormément, je suis toujours à l'écoute des critiques constructives qui permettraient d'améliorer cet ouvrage ou simplement de savoir si vous l'avez apprécié.

Pour cela, il vous suffit de cliquer sur le QR code ci-dessous pour atterrir directement sur l'espace commentaire du livre sur Amazon.